EXAMEN

DE LA CHARTE

SOUS LE RAPPORT

DES ÉLECTIONS.

PAR M. D***, DE ROUEN.

Dans le moment où le discours émané du trône semble annoncer des changemens au système d'élection suivi depuis trois ans pour le renouvellement de la Chambre des Députés, je pense qu'il n'est pas inutile, qu'il est même nécessaire de s'éclairer à ce sujet. C'est en mettant les dispositions de la Charte sur cette matière sous les yeux de ses vrais amis et de ceux qui s'en prétendent les exclusifs adorateurs, qu'on démontrera aux uns et aux autres la possibilité de faire une loi nouvelle sans y porter atteinte.

Le nombre des députés, l'âge des députés, le renouvellement des députés, les élections, telle est la division qui se présente à mon esprit, et que je vais suivre.

Du nombre des députés.

La Charte s'exprime ainsi :

Art. 36. « Chaque département aura le
» même nombre de députés qu'il a eu jus-
» qu'à présent. »

Aux articles transitoires il est dit :

Art. 75. « Les députés des départemens
» de France qui siégeoient au Corps-Légis-
» latif lors du dernier ajournement, conti-
» nueront de siéger à la Chambre des Dé-
» putés jusqu'à remplacement.

Art. 76. » Le premier renouvellement
» d'un cinquième de la Chambre des Dépu-
» tés aura lieu, au plus tard, en l'année
» 1816, suivant l'ordre établi entre les
» séries. »

C'est en 1814 que le souverain posoit ces
bases, et c'est à cette époque qu'il faut se
reporter pour connoître sa volonté sur le
nombre des députés.

L'art. 75 n'augmente ni ne diminue le
nombre des membres du Corps législatif
qui siégeoit *alors*. En le conservant tout
entier, il lui donne jusqu'à remplacement, le

nom et les pouvoirs de la Chambre des Députés créée par la Charte ; et, pour expliquer ce que le souverain entend par *remplacement*, l'art. 76 vient aussitôt faire connoître que ce remplacement doit se faire comme le prescrit la Charte, puisqu'il dit : « Le premier renouvellement d'un cinquième de la Chambre des Députés aura » lieu, au plus tard, en l'année 1816, suivant » vant l'ordre établi entre les séries. » Le Corps législatif existant à l'époque de la première rentrée du Roi, et devenu, par sa volonté, Chambre des Députés, devoit donc conserver son nombre intégral *au plus tard jusqu'en* 1816. A cette époque un premier cinquième de ce nombre devoit être renouvelé, ainsi que le prescrivoit l'art. 37, que ces mots *au plus tard jusqu'en* 1816, ont modifié pour la transition seulement. Ce renouvellement d'un premier cinquième, en complétant le nombre des députés, n'a fait que confirmer l'invariabilité de ce nombre, et assurer, sous ce rapport, l'exécution de l'art. 36. Je crois donc pouvoir conclure que, par cet article, le nombre des députés de chaque département a été irrévocablement fixé à celui que chaque département avoit eu le droit d'envoyer au Corps législatif qui siégeoit au moment de la première restauration. L'ordonnance du 5 septembre 1816, conforme à l'art. 5o de la Charte, sous le rapport de la dissolution de la Chambre, me paroît avoir dérogé à l'art. 36, et par conséquent attaqué la Charte dans une de ses bases principales.

De l'âge des Députés.

Art. 38. « Aucun député ne peut être » admis dans la Chambre, s'il n'est âgé de » quarante ans. »

La loi du 25 mars 1818 dispose :

Art. 1er. « Nul ne pourra être membre » de la Chambre des Députés si, *au jour* » *de son élection*, il n'est âgé de quarante » ans accomplis. »

Cet âge est une garantie donnée aux Français, que la discussion de leurs intérêts les plus chers ne sera confiée qu'à des hommes qui auront assez vécu pour les étudier et les bien connoître. Si l'on trouvoit aujourd'hui des motifs pour changer la

Charte en ce point, demain on en trouveroit d'autres pour fonder un nouveau changement. La Charte s'exprime d'une manière claire et positive sur l'âge des députés. Il y auroit, je crois, bien plus d'inconvéniens à changer cette disposition qu'il ne peut y en avoir à la conserver.

Du renouvellement des Députés.

Art. 37. « Les députés seront élus pour » cinq ans, et de manière que la Chambre » soit renouvelée chaque année par cin » quième. »

Une ordonnance du Roi, du 27 novembre 1816, ainsi qu'un tirage au sort fait dans la séance de la Chambre des Députés, du 22 janvier 1817, ont établi le nombre et l'ordre des séries dont parle l'art. 76 de la Charte.

La disposition dont il s'agit ici est précise, et n'auroit, je pense, que peu d'inconvéniens si les élections pouvoient être faites, en majeure partie, dans le sens de la monarchie et de la légitimité, si la Chambre n'offroit que deux opinions bien prononcées, et s'il en résultoit une majorité saine sur laquelle le ministère crût devoir constamment s'appuyer.

Des Élections.

Art. 35. « La Chambre des Députés sera » composée de députés *élus par les colléges* » *électoraux*, dont l'organisation sera dé- » terminée par des lois.

Art. 38. » Aucun député ne peut être » admis dans la Chambre, s'il n'est âgé de » quarante ans, et s'il ne paie *une* contri- » bution directe de 1000 fr.

Art. 40. » Les électeurs qui concourent » à la nomination des députés ne peuvent » avoir droit de suffrage, s'ils ne paient » une contribution directe de 300 fr., et » s'ils ont moins de trente ans.

Art. 41. » Les présidens des colléges élec- » toraux seront nommés par le Roi, et de » droit membres du collége. »

A l'exception de la présidence des colléges électoraux, réservée aux délégués du Roi, tout le reste de leur organisation n'est plus que du domaine de la loi. Pour qu'il y ait des colléges électoraux, il faut bien qu'il y ait des électeurs. La Charte le reconnoît, puisqu'elle dit, art. 40 : « *Les électeurs* » *qui*, etc.; mais, dans aucune de ses dispositions, elle ne confère à aucun individu, à aucune classe de la société, le droit d'être électeur; elle veut seulement que les électeurs qui concourent à la nomination des députés ne puissent avoir droit de suffrage s'ils ne paient une contribution directe de 3oo fr., et s'ils ont moins de trente ans. En respectant cette double condition imposée par la Charte, le pouvoir législatif est libre, absolument libre de prendre dans la société tous les élémens qu'il jugera convenables pour faire des électeurs. Il peut choisir, dans tous les systèmes d'élection qui ont été essayés jusqu'à présent, soit en France, soit dans d'autres pays Il peut en imaginer un nouveau. Pour que tous les intérêts soient représentés, il peut créer des corporations, des communautés auxquelles il remettroit le droit de nommer des électeurs; il peut donner naissance à des colléges pour les propriétaires, pour les manufactures et le commerce, pour les gens de loi, pour les arts et métiers. Pourvu que les électeurs, qui seroient chargés de concourir à l'élection des députés, payassent une contribution directe de 3oo fr., et fussent âgés de trente ans, la Charte seroit complètement obéie.

J'ai dit plus haut que la Charte ne conféroit à aucun individu, à aucune classe de la société le droit d'être électeur : cette vérité est démontrée par l'art. 4o de la Charte, le seul qui s'occupe des électeurs. Sa rédaction n'est pas celle qui eût été adoptée s'il avoit entendu conférer à tout Français âgé de trente ans, et payant une contribution directe de 3oo fr., le droit de concourir à l'élection des Députés. La preuve en est dans l'art. 8, qui dit : « *Les Français ont* » *le droit*, etc. » Si l'on fait de bonne foi attention à la rédaction de l'art. 4o, on verra qu'elle n'est positive pour personne, mais qu'elle est négative pour quelques-uns, puisque la volonté qu'elle exprime est de refuser le droit de suffrage pour la nomination des députés, aux électeurs qui ne remplissent pas les deux conditions qu'elle impose.

Comme c'est de l'art. 4o que l'on doit

partir, en ce qui concerne les élections, je vais l'examiner sous tous ses points de vue, et je dirois presque mot à mot :

Art. 4o. « Les électeurs qui concourent » à la nomination des députés... etc. »

Il me semble qu'il ne seroit pas déraisonnable d'entendre, par ces expressions, que les colléges électoraux peuvent être chargés de faire des choix pour différentes fonctions ; pour celle de jurés, par exemple, que les lois peuvent fixer des conditions particulières pour être membre de ces colléges ; mais que, parmi ces membres, il n'y a d'autorisés par l'art. 4o à concourir à la nomination des députés que ceux qu'il désigne. C'est dans ce cas seulement que cet article pourroit être considéré comme contenant une disposition positive pour les uns et négative pour les autres ; sans cela il n'exprime qu'une exclusion.

Art. 4o. « S'ils ne paient *une* contribu- » tion directe de 3oo fr. »

Dans un acte fondamental, comme la Charte, toutes les expressions ont un sens réel, et doivent être sacrées. Je vais donc m'attacher à l'explication de ces mots :

« *une contribution directe*, » parce qu'ils se trouvent aussi dans l'article 38, et que jusqu'à présent je n'ai rien vu qui en développât le sens qui établit la volonté qu'ils renferment.

Il est reconnu qu'il y a en France, non pas *une*, mais *quatre* contributions directes. Chacune d'elles prenant le nom générique de contribution directe, porte un nom particulierqui différencie son espèce, tel que contribution foncière, contribution des portes et fenêtres, contribution personnelle et mobiliaire, contribution des patentes ; elles sont, en effet, chacune d'une espèce différente, puisque les unes affectent la rente de la terre, l'autre l'intérêt des capitaux, et la dernière les profits de l'industrie et du commerce. Une loi du 12 novembre 1808, relative au privilége du trésor pour le recouvrement des contributions directes, règle diversement ce privilége à raison de la différence qui existe entre elles. En réunissant par l'addition les sommes de 2, 3 ou 4 de ces contributions, chacune de ces réunions ne peut pas plus s'appeler une contribution directe, à cause de la diversité de ses

élemens, qu'un lion, un éléphant, un che-
val, un bœuf réunis dans un même lieu , ne
pourroient s'appeler un animal , qu'on ne
pourroit dire des droits de timbre, d'enre-
gistrement, d'hypothèque, de douanes, etc. ;
qu'ils forment *une* contribution indirecte.
Les *quatre* contributions directes existoient
avant la Charte, et le législateur qui nous
l'a donnée le savoit comme nous. Si son intention avoit été que les quatre contributions
directes payées par un individu pussent être
réunies pour former la somme de 3oo fr. ,
de 1000 fr., il auroit dit : « s'ils ne paient
» en contributions directes une somme de
» 3oo fr., de 1000 fr., il a dit au contraire, »
s'ils ne paient *une* contribution directe de
3oo fr., de 1000 fr., il a donc entendu que
ce seroit une seule contribution directe, et
non pas plusieurs ou toutes réunies , qui
donneroit aux électeurs nommant les députés le droit de suffrage , aux députés celui
d'être admis dans la Chambre. Que les
sommes énoncées par la Charte soient payées
en un seul ou en plusieurs articles , soit sur
les rôles de la contribution foncière , soit sur
ceux de la contribution personnelle et mo-

biliaire, soit sur ceux des portes et fenêtres, soit enfin sur ceux des patentes ; cela est égal, puisque chacun de ces rôles est fait pour le recouvrement d'une contribution di-recte. Mais il faut que la somme d'un ou plusieurs articles d'une contribution de même espèce soit égale à celle exigée, pour que la Charte soit obéie. Alors les députés seront nommés par les propriétaires de la plus grande partie du sol de la France, par les chefs du commerce et des grands établisse-mens industriels, tous intéressés à la prospé-rité publique, seule garante de leur prospé-rité particulière.

On objectera peut-être à l'explication qui précède, l'article 39 de la Charte, ainsi conçu :

« Si néanmoins il ne se trouvoit pas dans
» le département cinquante personnes de
» l'âge indiqué, payant au moins 1000 fr.
» de contributions directes, leur nombre
» sera complété par les plus imposés au-
» dessous de 1000 fr., et ceux-ci pourront
» être élus concurremment avec les pre-
» miers. »

Je répondrai que cet article est dans son ensemble une exception au principe posé dans l'article 38 ; et que cette exception, loin de détruire le principe, ne fait au contraire que le confirmer. Ces expressions, *l'âge indiqué*, en se reportant à l'article 38, font voir que l'exception ne porte point sur cette condition, mais seulement sur celle de la contribution directe. Examinons quel est le motif de cette exception : le législateur a voulu que les départemens les moins riches de la France eussent leurs députés comme les départemens les plus opulens. Il a vu que son intention ne seroit pas remplie, si, dans les départemens les moins riches, la règle d'une contribution directe de 1000 fr. qu'il venoit de prescrire pour tous, n'étoit pas modifiée pour eux. Il a en conséquence prescrit une règle particulière pour ces départemens seulement ; et, pour atteindre son but, il a été jusqu'à supposer que la cumulation elle-même des quatre contributions directes pourroit bien ne pas former la somme de 1000 fr., et il a déclaré que les plus imposés au-dessous de cette somme seroient également éligibles. Ce système particulier, je le répète, n'est applicable que dans le département où il ne se trouveroit pas cinquante personnes payant au moins 1000 fr. de contributions directes, soit qu'on les prenne une à une, soit qu'on les prenne collectivement. Il n'est donc pas applicable à tous les autres départemens qui ne sont point dans ce cas, et qui n'ont eux pour règle que le principe d'*une* contribution directe de 1000 fr. Ce principe est tellement la pensée, la volonté du législateur, qu'après avoir fait l'exception que je viens d'expliquer, il y revient, et s'exprime encore de la même manière dans l'article 40, où il exige des électeurs *une* contribution directe de 300 fr. Pour cet article il ne fait aucune exception, parce qu'il faudroit qu'il supposât, non pas une médiocre aisance, mais la misère, pour qu'il n'y eût pas dans un département un certain nombre de personnes payant *une* contribution de 300 fr. Ce défaut même d'exception prouve que l'article 39 en contient une réelle ; et que cet article, loin d'être l'explication du précédent, n'en est qu'une modification pour le seul cas qu'il prévoit.

En faisant ce court et rapide examen, j'ai cherché à rendre franchement compte de ce que contient la Charte sous le rapport des élections. J'en conclus :

Qu'au Roi seul appartenant la puissance exécutive (art. 13 de la Charte);

Que le Roi étant le chef suprême de l'Etat (art. 14);

Que le Roi proposant la loi (art. 16),

Il est à portée de bien connoître les besoins de la société, les maux qu'elle souffre, et les remèdes qu'il faut y apporter;

Qu'il a le droit de proposer la modification, et même l'abrogation des lois existantes;

Que la loi des élections est, dans ce cas, comme toutes les autres;

Enfin, qu'en maintenant, par respect pour la Charte,

1°. Le nombre des députés qui existoit à l'époque de la restauration;

2°. L'âge des députés à quarante ans, et le paiement par eux d'*une* contribution directe de 1000 fr. , sauf le cas particulier prévu par l'article 39;

3°. Le renouvellement annuel des députés par cinquième;

4°. La double condition de l'âge de trente

ans ; et du paiement d'*une* contribution di‑
recte de 3oo fr., pour avoir le droit d'être
électeur concourant à la nomination des dé‑
putés.

Toutes les autres combinaisons de la loi
à proposer sont à l'entière disposition de
Sa Majesté.